THÉATRE DU PALAIS-ROYAL

LES CANUTS

COMÉDIE EN DEUX ACTES, MÊLÉE DE CHANT

Par MM. Varner et Deslandes

Représentée pour la première fois, à Paris, sur le Théâtre du Palais-Royal, le 23 avril 1843.

PRIX : 50 CENTIMES.

PARIS
BECK, ÉDITEUR
Rue Saint-André-des-Arts, 21
TRESSE, successeur de J.-N. BARBA, Palais-Royal

1843

LES CANUTS

Drame en deux actes, mêlé de chant

Par MM. ***** ***** et *********

Représenté pour la première fois, à Paris, sur le Théâtre du Palais-Royal,
le 23 avril 1848.

Prix : 50 centimes.

PARIS
BECK, ÉDITEUR
Rue Saint-André-des-Arts, 21
TRESSE, successeur de J.-N. Barba, Palais-Royal

1848

LES CANUTS,

COMÉDIE EN DEUX ACTES, MÊLÉE DE COUPLETS,

PAR MM. VARNER ET DESLANDES, (Paulin)
(Ant-Fr.)

Représentée pour la première fois, à Paris, sur le théâtre du Palais-Royal, le 23 avril 1843.

DISTRIBUTION:

GAUTHIER.......	....	MM. LHÉRITIER.
BLAIREAU.......		ALCIDE-TOUSEZ.
JOSEPH.........	Canuts........	LEMÉNIL.
CRAMPON, bossu.		BARTHÉLEMY.
THOMAS.........	....	ALLARD.
COLOMBE, fille de Gauthier...............		Mlle THOURET.

Un gendarme.
Ouvriers, ouvrières.

ACTE I.

Le théâtre représente une cour d'atelier; à gauche du public, l'entrée de la fabrique; porte au fond.

SCÈNE I.

BLAIREAU, JOSEPH, GAUTHIER, THOMAS, CRAMPON, PLUSIEURS OUVRIERS.

(Au lever du rideau, ils déjeunent, Joseph travaille dans un coin avec un crayon. Thomas le regarde travailler, Blaireau est assis sur la table où travaille Joseph, et devant lui, Gauthier est étendu sur un banc.)

CHOEUR.

Air: Tin, tin, tin, et tin, tin, tin.

Quand dès l' point du jour il faut s'acharner
Sur l' métier où la soie
Se déploie,
Et qu' dix heur's enfin vienn'nt à sonner,
On n'a pas volé son déjeuner.

GAUTHIER.

D'vant l' travail souvent j' me repose;
Mais devant un bon repas

* Gauthier, Crampon, Thomas, Joseph, Blaireau.

Ce n'est plus la même chose,
J' voudrais avoir quatre bras.
(Il se recouche.)

TOUS.

Quand dès l' point du jour, etc.

CRAMPON, à Joseph.

Tu manges trop, Joseph, ça te fligera sur ton estomac.

BLAIREAU.

Qu'est-ce que ça te fait, bombé, s'il aime mieux travailler? pas vrai, mon petit Jojo? (*Joseph lui serre la main et continue.*) Travaille, mon bon-homme, c'est pas moi qui t'empêcherai de travailler.

GAUTHIER, toujours couché.

Parlez donc plus bas, vous troublez ma digestion.

BLAIREAU, tapant sur l'épaule de Joseph.

Dis donc le père Gauthier qui dit qu'on y trouble sa digestion, il n'a encore rien mangé... (*Sur un geste de Joseph.*) Travaille donc, c'est pas moi qui t'empêcherai de travailler.

GAUTHIER.
Si on veut, on mangera; on a du pain sur la planche.

CRAMPON.
Ah! du pain sec.

GAUTHIER.
Sec? J'parie que Thomas me donne ce qu'il a* ? (*Thomas sans se déranger de voir travailler Joseph, lui tend du jambon.*) Là, en v'là du jambon! Ah! qu'il est mâgro! Où c' que tu l'achètes, ton jambon? N'y a pas de gras; feignant de charcutier... Merci, mon élève ; faut partager avec ses maîtres, car c'est moi qui t'a initié à la soierie; c'est moi qui t'ai en quéque sorte canutisé: j't'ai donné de quoi que j'avais, tu me donnes de quoi que t'as; c'est bien !

CRAMPON.
Mais qu'est-ce qu'il fiche là, ce satané Joseph?

BLAIREAU.
Ce qu'il fiche? une mécanique de sa façon. C'est sa manie, et celui qui l'dérangera aura affaire à moi. (*Tapant sur l'épaule de Joseph.*) Pas vrai ! qu'il faut pas qu'on te dérange? (*Joseph, impatienté, se lève et sort au milieu des huées des ouvriers; Thomas le suit.**)

CRAMPON.
Place au savant, (*Ils rient.*) il va inventer une machine à gagner dix francs par jour à dormir. (*Ils rient.*)

BLAIREAU.
Vous tairez-vous, tas de cornichons?

CRAMPON.
C'est vrai ! conçoit-on un canut comme nous, qui au lieu de faire de la soie, tout bêtement, s'imagine de vouloir faire un nouveau métier?

BLAIREAU.
Où est le mal ?

CRAMPON.
Est-ce qu'il n'y a pas assez de machines comme ça?

BLAIREAU, *le regardant*.
Et de drôlement bâties. Mais tu y serais intéressé, serin, puisqu'il prétend que les canuts travailleront à leur aise, ce qui sera cause qu'il n'y aura plus parmi eux ni baucroches, ni bossus.

CRAMPON.
Où est le mal, qu'il y ait des bossus ? Nous le sommes de père en fils, et nous ne nous en portons pas plus mal.

BLAIREAU.
Au contraire, vous n'en avez que plus d'embonpoint... à rebours.

CRAMPON.
C'est bon, c'est bon.

BLAIREAU.
Et vos enfants ne risquent pas de s'égarer en nourrice.... ils ont un chachet particulier.... le timbre de la famille. (*Il lui fait faire une pirouette.*)

* Crampon, Gauthier, Thomas, Joseph, Blaireau.
* Gauthier, Crampon, Blaireau.

CRAMPON.
Ils sont sûrs au moins d'être les fils de leur père, et ils en sont fiers.

BLAIREAU.
C'est pour cela qu'ils font le gros dos.

CRAMPON, *se fâchant*.
Gros plein de soupe, je vas... (*Tous les ouvriers s'interposent.*)

BLAIREAU.
Ne le retenez pas, j' vois son affaire : il voudrait que je l'aplatisse.

LES OUVRIERS.
Allons, allons, entre z'amis.

GAUTHIER, *la bouche pleine**.
Empêchez-les de se cogner ; ça fait mal quand on déjeune.

BLAIREAU.
C'est vrai, papa Gauthier ; mais vous allez vous étouffer : manger comme ça, sans boire.

GAUTHIER.
L'eau me grise, et je suis brouillé avec le marchand de vin : il ne veut plus me faire crédit. Canaille !... Je ne demanderais pas mieux que de le payer,.... si j'avais de l'ouvrage.

BLAIREAU.
Mais vous n'en trouvez pas.

GAUTHIER.
Mon Dieu, non.

BLAIREAU, *à part*.
C'est étonnant, car il ne lui en faut guère.

GAUTHIER.
Quand une fois le guignon s'attache à vous, rien ne vous réussit. J'en suis un exemple : l'mois dernier, le fabricant Roberjot cherchait des ouvriers...

BLAIREAU.
Et il n'a pas envoyé chez vous?

GAUTHIER.
Si... Mais j'étais dans ce moment-là au cabaret, à rire avec des amis ; nous avons passé la journée à boire, à chanter... J'suis deux jours sans rentrer... bon ! trop tard après !

BLAIREAU.
V'là du guignon !... (*A part.*) Bienheureux saint Lâche !

GAUTHIER.
C'est pas tout. Quéque temps après, le Minisse de l'intérieur passe à Lyon, visite les fabriques, demande qu'on lui présente les plus anciens ouvriers, pour leur donner une gratification....

BLAIREAU.
Et vous avez eu ?...

GAUTHIER.
Rien ! J'étais au violon depuis la veille, pour une dispute, une bêtise... Eh bien ! on n'est pas venu m'y chercher.

BLAIREAU.
On vous a oublié?

GAUTHIER.
Est-ce qu'on pense jamais aux infortunés?

* Blaireau, Gauthier, Crampon.

ACTE I, SCÈNE III.

BLAIREAU.
Puisque c'est comme ça, j'vas vous payer chopine.

GAUTHIER, *se faisant prier.*
Non, merci.

BLAIREAU.
Ne faites pas comme ça la petite bouche.

GAUTHIER.
Non! ce serait trop. Tout ce que je demande, c'est que chacun de vous me donne un doigt de vin sur sa part.

TOUS.
Un doigt de vin !

GAUTHIER.
Pas davantage, je m'en contenterai.

BLAIREAU, *à part.*
J'crois bien, il y gagne.... Pas si bête !.... Quinze doigts ! ça va lui faire une fameuse main ! (*Gauthier va trouver chaque ouvrier avec un verre qu'il tient ; chacun verse un peu de vin ; quand il est plein, il en prend un second et continue le même manége.*)

GAUTHIER, *revenant, et élevant ses verres.*
A votre santé !.. Celui-là... à la mienne !.. (*On entend un canut sonner la cloche des ouvriers ; pendant ce temps, Thomas qui avait suivi Joseph, rentre.*)

TOUS.
Air du caporal et de la payse.

    Amis, à l'atelier,
    La cloch' rappelle
    Votre zèle ;
    Sans se faire prier,
    Faut qu' chacun r' tourne à l'atelier.
                      (*Ils sortent.*)

SCÈNE II.

BLAIREAU, THOMAS, GAUTHIER.

BLAIREAU, *regardant Thomas.*
V'là-t-il un drôle de paroissien, il regardait travailler Joseph plutôt que d' déjeuner ; maintenant il mange donc avec les autres.... Ah ! j'y suis : il mijotte toujours l'père Gauthier, c'est pour sa fille, et il se bourre pour passer le temps ; il veut rester seul avec lui. Eh bien ! s'il reste, je reste. (*A Thomas.*) T'as encore faim, toi ?

THOMAS, *laconiquement, sans se retourner.*
Oui.

BLAIREAU.
Qu'il est gentil ! Veux-tu venir faire un tour ?

THOMAS, *de même.*
Non.

BLAIREAU.
Aimable canut ! va. Une partie de siam, hein ?

THOMAS, *de même.*
Non.

GAUTHIER.
Ne tourmente donc pas ce pauvre Thomas.

* Gauthier, Blaireau, Thomas

Mais ce petit vin porte à la tête, il donne envie de s'asseoir. (*Il s'assied.*)

BLAIREAU.
Comment ! vous n'allez pas travailler ?

GAUTHIER.
J'attends ici ma fille, ma petite Colombe. Elle est allée porter une robe à une pratique... Oh ! orgueil de ton père ! (*Il s'étale.*)

BLAIREAU.
Ah ! quel amour de fille !... Pas vrai, Thomas ?

THOMAS, *de même.*
Oui.

GAUTHIER.
Et laborieuse ! Elle coud quéquefois en dormant. Je lui ai de bonne heure inculpé ces principes-là. Le travail est une si belle chose !

BLAIREAU.
Pour les enfants.

GAUTHIER.
Faut bien que les pères se reposent un peu ; chacun son tour.

BLAIREAU, *à part.*
Il y a longtemps que c'est le sien.

GAUTHIER.
Mais qu'est-ce que je dis donc ! Je ne peux pas me reposer. J'ai des amis qui m'attendent ce matin, des bons enfants, des lurons à qui que j'ai donné rendez-vous.

BLAIREAU.
En vérité !

GAUTHIER.
J'ai besoin de me distraire ! au diable l'atelier, au diable la soie, et vie la joie ! Je vas r'trouver les camarades.
(*Il remonte vivement le théâtre, et s'arrête en apercevant sa fille.*)

SCÈNE III.

LES MÊMES, COLOMBE.

GAUTHIER.
Ma fille !! (*Haut*) Oui, mes amis, le travail est tout pour l'homme.

COLOMBE *l'embrassant.*
Bonjour, mon petit père.

GAUTHIER.
Bonjour, ma fille, mais laisse-moi continuer mes conseils. (*Haut.*) L'homme qui ne travaille pas, est un feignant.

COLOMBE.
Je viens vous apporter de bonnes nouvelles, papa.

GAUTHIER, *à part.*
Elle aura rencontré sa marraine, qui lui aura donné quéques pièces de six livres. (*Haut.*) Chère enfant, joie de ta famille.

BLAIREAU.
Eh bien ! vous ne dites rien à votre gros Blaireau ? mademoiselle.

GAUTHIER.
Laisse-la donc dire.

COLOMBE.

J'ai rencontré chez madame Robert, ma pratique, le contre-maître d'une fabrique nouvelle, qui s'est formée dans la Grande rue de la Guillottière ; j'ai parlé du chagrin que vous aviez de ne pas être occupé, et il m'a dit : envoyez-moi votre père, avec son livret, je vous promets de l'employer.

GAUTHIER, *d'un air fâché*.

Ah !

COLOMBE.

Je le mettrai vite au courant, c'est une nouvelle étoffe..... (*Thomas s'avance et écoute.*) Il faut des hommes de confiance.

GAUTHIER.

Ah ! oui, j'ai déjà entendu parler de ça. De nouvelles étoffes qui doivent enfoncer le damas d' la Chine. Ça fait suer.

COLOMBE.

Ainsi, mon bon petit père, vous voilà désensorcelé.

GAUTHIER, *dont la figure continue à se rembrunir*.

Certainement. J'irai la semaine prochaine.

COLOMBE.

Si tard ! est-ce que vous y pensez !

GAUTHIER.

Eh bien !... demain.

COLOMBE.

Non, mon père, aujourd'hui.

GAUTHIER.

Aujourd'hui ! C'est pas que.... car j'ai mon livret, vois-tu, toujours là... sur mon cœur... Mais... j'ai un tas de choses à faire... Je devais aller aux Brotteaux tirer à l'oie avec quéques amis.

COLOMBE.

Par exemple ! ce serait pour ça ?

GAUTHIER.

C'est un exercice salutaire, qui entretient la main et la santé.

COLOMBE.

Je ne quitte das d'ici que je ne vous aie vu partir pour l'atelier.

BLAIREAU.

Vous avez raison, mademoiselle Colombe; t'nez, je vas accompagner le père Gauthier; attendez-moi ici, je reviens vous dire que je l'ai emballé... (*A part.*) Et je lui pince ma déclaration.

(*Il emmène Colombe au fond, pendant l'a-parté suivant.*)

GAUTHIER, *bas à Thomas*.

Est-il bête, ce Blaireau ? Mais j'ai une idée : c'est une étoffe nouvelle à faire... on a besoin de bras... et si on ne me donne pas six francs par jour...

THOMAS, *qui s'était rapproché, lui frappe sur l'épaule ; bas*.

Je vous les donne, moi.

GAUTHIER, *étonné*.

Toi ?

THOMAS, *id*.

Vous me passez votre livret, je vas travailler pour vous.

GAUTHIER, *id*.

Me séparer de mon livret, jamais.... Tiens, le v'là, et paie-moi une journée d'avance...

BLAIREAU, *qui les fait remarquer à Colombe*.

Tenez, mademoiselle Colombe, ce sournois me fait l'effet de... Ah ! s'il songeait à vous... je te le tarauderais !!

COLOMBE.

Quelle idée !

GAUTHIER, *à lui-même*.

Ce dévouement !... je crois le comprendre... il aime ma fille... C'est dans ces cas-là qu'on est fier d'être père.

BLAIREAU.

Allons, père Gauthier, prenez mon avant-bras et en route. (*Bas*.) J'ai découvert une petite endroit où on boit du vin à six.

GAUTHIER, *bas*.

Vrai ! Allons voir. (*Haut.*) Adieu Thomas, je vas chercher de l'ouvrage.

THOMAS, *bas*.

Venez avec moi, nous boirons de l'eau-de-vie brûlée.

GAUTHIER.

Séducteur ! va.

BLAIREAU.

Allons, venez, papa Gauthier.

GAUTHIER.

Du tout ; c'est Thomas qui m'accompagne.

BLAIREAU.

Thomas est un caffard. (*Thomas hausse les épaules.*) C'est pas un vrai ouvrier... (*Thomas a l'air effrayé.*) Je ne l'ai jamais vu gris. (*Thomas se rassure.*) Il ne boit que du rhum.

GAUTHIER.

C'est qu'il a le palais pavé en pierre de taille.

BLAIREAU, *s'emportant de plus en plus*.

C'est un fadard qui fait le monsieur... un canut qui se lave les mains, ah ! fi !

GAUTHIER.

C'est pas ça qui fait tache.

BLAIREAU, *hors de lui**.

Tiens, je veux voir combien qu'il pèse.

COLOMBE, *se jetant au-devant de lui*.

M. Blaireau !!!

BLAIREAU, *s'arrêtant tout d'un coup*.

Votre voix est comme quand je dis à mon caniche : A bas... ça me calme tout de suite.

GAUTHIER.

Mon cœur de père te sait gré, Colombe, d'avoir empêché l'effusion des coups de poing... aussi, crois que l'auteur de tes jours songe à ton établissement.

BLAIREAU.

Vrai ? Oh ! alors, dites.....

GAUTHIER, *regardant du coin de l'œil Thomas*.

Il y a quéqu'un, dans l'honorable assemblée qui m'environne, qui aime ma fille.. Je ne peux pas lui donner un beau—père en déficit : j' connais ma situation, je veux en sortir. Je dois devoir chez les marchands de vin, gargotiers, liquoristes et autres, aux environs de 4,000 francs ; mettons-en

---

* Blaireau, Colombe, Gauthier, Thomas.

ACTE I, SCÈNE IV.

cinq pour que j'aie un peu d'argent... V'là ce qu'il me faut pour marier ma fille.

BLAIREAU.
C'est là la dot que vous lui donnez?

GAUTHIER.
Je veux bien me sacrifier pour mon sang; mais je ne peux pas me priver du nécessaire.

Air de Madame Favart.
Colombe est un' fille accomplie,
C'est un trésor de loyauté,
De sagesse, de modestie,
De douceur, de sincérité.
Eh bien ! pour cinq mill' livres d'arrhes,
J' donn' tant d' vertus dont je suis fier;
Aujourd'hui qu'elles sont si rares,
Il m' semble que ce n'est pas trop cher.

THOMAS.
C'est pour rien.

GAUTHIER, à part.
Décidément, il en est fou. (Haut.) Blaireau, je te défends de m'accompagner; j'aime mieux la société de Thomas.

BLAIREAU.
Mais enfin !

GAUTHIER.
Blaireau, 5,000 livres; c'est à prendre ou à laisser. (Il sort avec Thomas.)

BLAIREAU, à part, suivant Thomas des yeux.
Toi, Thomas, toi qui es si propre, je te ferai prendre un bain dans le ruisseau.

SCÈNE IV.
COLOMBE, BLAIREAU.

COLOMBE, à part.
Ils ont grand tort de se quereller pour moi : ce n'est pas à eux que je pense, mais à ce bon Joseph, qui, peut-être, ne s'en doute pas.

BLAIREAU, à part, descendant le théâtre.
5,000 francs! Heureusement qu'on a des ressources, et puisque nous voilà en tête-à-tête...

COLOMBE, avec un peu d'embarras.
Je croyais trouver ici votre ami.

BLAIREAU.
Jojo? il y était tout-à-l'heure.

COLOMBE.
Vous l'avez... vu?

BLAIREAU.
Oui. Il doit être remonté dans sa chambre.

COLOMBE, à part.
Si je pouvais seulement l'apercevoir, il me semble que je serais contente.

BLAIREAU, à part.
Elle est émue. Elle fait semblant de me tourner le dos; ô pudeur! C'est ici qu'il faut déployer pour 5,000 francs d'éloquence; abordons la question à la baïonnette. (Haut.) Pour lors, jusqu'à présent à la guinguette, quand je voyais une jolie liseuse de dessins, je lui disais: v'là un cœur brûlant à votre service; en veut-on ou n'en veut-on pas? Si elle me répondait en baissant les yeux : on en veut, je répondais : si on en veut, qu'on prenne mon bras et qu'on me reconduise... Le lendemain, à une autre.... Maintenant, c'est plus ça. Une femme céleste!...

COLOMBE.
Vous aimez bien Joseph, pas vrai ?

BLAIREAU.
Si je l'aime !! Comme un âne aime les orties... (Changeant de ton.) Oui, une femme céleste s'est emparée de ma boussole; et quand je vois sa peau si fine, si blanche, je m' dis : Ah! sa mère méritait d'être la femme d'un canut, car elle a fièrement bien travaillé dans le satin. (A part.) V'là un fier à-compte sur les 5,000 d'éloquence.

COLOMBE.
Je remarque que maintenant vous êtes moins souvent avec Joseph.

BLAIREAU.
C'est sa faute... Il me néglige... il me fait du chagrin.

COLOMBE.
Lui, si bon ?

BLAIREAU.
Oh! bon comme le bon pain! Mais il n'est pas coiffé comme d'habitude ; il a quelque chose qui l'ébouriffe, qui lui tourne la tête...

COLOMBE, avec espérance.
Ah bah !... vous croyez ?... Et quoi donc?

BLAIREAU.
Pardine !.... ses inventions... ses mécaniques... ça finira par lui jouer un mauvais tour... (A part.) Mais revenons à la question. (Haut.) Une femme céleste...

COLOMBE.
Votre amitié date de si loin !

BLAIREAU.
J' crois bien. Tenez, nous étions bien jeunes, employés tous deux à la même fabrique, lorsqu'un jour je casse quelque chose à une mécanique, qui s'arrête sur-le-champ ; j'étais désolé, je me voyais déjà battu par le bourgeois, et recaressé en rentrant par mes tendres parents, qui avaient l' bras solide. J' beuglais comme un gros veau, quand Joseph, avec un couteau, un morceau de bois et un peu de ficelle, ratistole tout ça, et la mécanique remarche, qu'on n'y voit que du feu ; de ce jour-là, voyez-vous, ça a été à la vie à la mort ; je cassais quéque chose, il raccommodait ; on lui cherchait dispute, je cassais un membre à l'individu, et il allait me réclamer au violon... Enfin, c'est toujours moi qui suis chargé de la casse, et lui du raccommodage.

COLOMBE.
Le fait est qu'il y a du génie dans cette tête-là.

BLAIREAU.
C'est pas la question. (Changeant de ton.) J'aime une femme céleste... une colombe! quoi! Voyez en Blaireau un pigeon pattu qui roucoule pour vous... Et vous, gémirez-vous pour moi, Colombe? (A part.) En voilà presque pour les 5,000 francs.

COLOMBE.
Mon ami, je vous aime.

BLAIREAU.
N'achevez-pas... ou donnez-moi un petit verre; j' vas m'évanouir.

COLOMBE.
Je vous aime d'amitié... mais...

BLAIREAU.
Comment! mais.., Ah! pas de bêtises, pas de mots à double entente.

COLOMBE.
Se douterait-il?..

BLAIREAU.
Ne me le nommez pas... Je sais qui c'est, je le devine.... C'est ce méchant ouvrier de contrebande, ce clampin de Thomas.

COLOMBE.
Thomas! vous pourriez croire....

BLAIREAU.
Je parie qu'il est là... c'est lui que vous regardiez tout-à-l'heure, je veux m'expliquer avec lui, et tout de suite *.

COLOMBE.
C'est inutile.

BLAIREAU.
Je verrai s'il s'entend à la réplique, s'il connaît le coup de soulier de menuisier. Une.... deux.... enlevez un copeau! Au revoir, mamzelle..nous reprendrons plus tard not' conversation.

(Il sort vivement par la gauche, tandis que Joseph entre par le fond, lentement, et absorbé dans ses réflexions.)

SCÈNE V.

COLOMBE, JOSEPH **.

COLOMBE, *à la porte, essayant de rappeler Blaireau.*
Blaireau! Blaireau! ça n'a pas le sens commun. *(Se retournant et avec émotion.)* Ah! M. Joseph.

JOSEPH, *se réveillant.*
C'est vous, mamselle Colombe! Pardon, je ne savais pas... *(Il fait un mouvement comme pour s'éloigner.)*

COLOMBE.
Est-ce que ma société vous fait peur?

JOSEPH.
Oh! non, mamselle... Vous n'avez pas l'air effrayant.. tant s'en faut.

COLOMBE, *à part.*
C'est très-heureux.... *(Haut.)* Est-ce que vous n'êtes pas content de vous trouver... comme ça... auprès de moi?

JOSEPH.
Oh! si fait... Mais... dans ce moment, je pense... je cherche...

COLOMBE, *à part.*
Il cherche à me tourner un compliment... n'ayons pas l'air...

* Blaireau, Colombe.
** Colombe, Joseph.

JOSEPH, *à part, se frappant le front.*
Dire que j'y suis!.... Et pourtant ce n'est pas ça encore!

COLOMBE, *à part.*
Il cherche toujours... Je ne veux pas qu'il se donne tant de peine.. *(Haut.)* M. Joseph!..

JOSEPH, *sans l'écouter.*
Il faut absolument que j'y arrive!

COLOMBE, *à part.*
Il ne m'entend plus!... Le voilà retombé dans ses distractions et ses rêveries... *(Haut, le prenant par le bras.)* Savez-vous, Monsieur, que vous n'êtes guère galant.

JOSEPH.
Pardon!... si je ne vous fais pas la conversation. J'ai une idée qui me préoccupe et me tourmente sans cesse... Impossible de m'en détacher.

COLOMBE, *avec intérêt.*
En vérité?

JOSEPH.
Je la retrouve partout... Si je m'endors, elle me poursuit dans mes rêves; si je m'éveille, elle s'éveille avec moi.

COLOMBE.
A la bonne heure!.... C't'idée-là, je la devine... Je crois l'avoir à peu près.... *(Mettant la main sur son cœur.)* Ce doit être comme ce que j'éprouve moi-même... *(A part.)* Je ne peux pourtant pas lui en dire d'avantage. *(Joseph va s'asseoir à une table et écrit.)* Eh! bien il s'en va écrire... Voilà qui passe la permission!... mais je le forcerai bien à s'expliquer.

JOSEPH, *à part.*
Décidément je suis sur la bonne route.

COLOMBE, *allant à lui.*
M. Joseph, vous qui êtes mon ami, il faut que je vous demande un conseil.

JOSEPH, *sans se déranger.*
Avec plaisir.

COLOMBE.
Il y a quelqu'un qui voudrait m'épouser.

JOSEPH, *de même.*
Vous épouser?

COLOMBE, *à part.*
Il parlera, peut-être *(Haut.)* Qu'est-ce que vous en pensez?

JOSEPH.
Je pense que celui-là ne ferait pas une mauvaise affaire.

COLOMBE.
Peut-être; car mon père exige que le futur lui donne cinq mille francs.

JOSEPH, *avec dédain.*
Cinq mille francs!

COLOMBE.
Vous haussez le épaules? C'est beaucoup trop, n'est-ce pas?

C'est trop peu, au contraire..... ce n'est rien....

COLOMBE.
Y pensez-vous?... une pareille somme pour des gens comme nous!..

ACTE I, SCÈNE VIII.

JOSEPH, *se levant.*

Qu'est-ce que c'est que ça, quand on a en perspective un trésor !... qu'on y touche presque.... qu'il ne s'agit que d'étendre le bras pour le saisir.... pour avoir cinquante... cent mille francs.... un million peut-être...

COLOMBE.

Ah! mon Dieu !

JOSEPH, *s'animant de plus en plus.*

Oui, Mamselle... Il ne faut qu'un trait de lumière, qu'une inspiration soudaine, pour réaliser tout ce que je vous dis là... et dans ce moment même... Eh! mais oui... c'est cela... Je ne me trompe point... (*Poussant un cri.*) Je l'ai trouvé... Trop fortuné Joseph ! Je vais enfin confondre les incrédules.

COLOMBE, *cherchant à l'arrêter.*

Comment ?

JOSEPH.

Je n'ai pas une minute à perdre.... Ah! mamselle Colombe, je suis le plus heureux des hommes. Si vous saviez !... Pardon , pardon. Ah! je le tiens ! (*Il sort en courant.*)

SCÈNE VI.

COLOMBE, *seule.*

Quelle agitation !... quel délire !... quel feu brillait dans ses regards !... Oh ! j'en suis sûre à présent, il m'aime ! Il ne s'est pas déclaré; mais j'ai bien vu... Ah! je me sens d'avance tout émue. (*Elle s'assied.*) Un papier ! Une lettre... une lettre pour moi.... Je devrais peut-être ne pas la lire.... Mais ce pauvre garçon, ce serait trahir son espoir, lui faire du chagrin... et j'en suis incapable. (*Prenant la lettre.*) Voyons. (*Lisant.*) « Si le cylindre avait trois pouces de diamètre. » (*S'interrompant.*) Hein ? « En doublant le nombre de bro- « ches, on donnerait plus de facilité aux ca- « nuts. » Ah! c'est trop fort! (*Elle froisse le papier et le jette.*) Quoi ! c'est-là ce qu'il écrivait sous mes yeux, c'est à cela qu'il pensait quand j'étais près de lui !... Je suis indignée... furieuse.... C'est un ingrat... Je m'en vengerai, et le premier qui se présente, je l'épouse, ne fût-ce que pour le punir. (*Voyant entrer Thomas.*) Ah ! c'est M. Thomas.

SCÈNE VII.

COLOMBE, THOMAS *.

THOMAS.

Je vous cherchais, Mamselle.

COLOMBE, *à part*

Je ne puis pas le souffrir, mais je suis si en colère, que, ma foi...

THOMAS.

Comme vous paraissez agitée !

COLOMBE, *en colère.*

C'est que je songe à ce que m'a dit mon père, qu'il fallait absolument me marier, et je suis prête à lui obéir... Mon Dieu, j'épouserai qui il voudra... vous, M. Thomas.

THOMAS, *étonné.*

Moi !

COLOMBE.

S'il l'exige.

SCÈNE VIII.

LES MÊMES, BLAIREAU *.

BLAIREAU, *qui a entendu les derniers mots.*

Par exemple !

COLOMBE.

Ou Blaireau, si c'est lui qu'on veut me donner.

BLAIREAU.

A la bonne heure !

COLOMBE.

Il n'est pas méchant, il est simple.

BLAIREAU.

Même un peu bête.... ça n'en vaut que mieux.

COLOMBE.

Certainement !.. Mais un homme que je ne voudrais pas épouser, c'est Joseph... un songe creux qui préfère la mécanique à une femme jeune... gentille... à ce qu'on dit. Tenez, celui-là, je le hais, je l'abhorre, je l'ai en horreur.

THOMAS, *à part.*

C'est-à-dire qu'elle l'aime toujours.

BLAIREAU.

Je conviens qu'il pèche un peu par le physique.

COLOMBE.

Je vous demande si je n'ai pas raison de le détester.

THOMAS.

Plaignez-le plutôt, le pauvre garçon, car il est bien malheureux.

COLOMBE.

Hein ? Que dites-vous ?

BLAIREAU.

Joseph ?

THOMAS.

Sa raison est sérieusement menacée.

COLOMBE ET BLAIREAU.

Ah! mon Dieu !

THOMAS.

Le médecin l'a déclaré.

BLAIREAU.

C'est donc ça que depuis quelque temps....

COLOMBE.

C'est donc ça que tout-à-l'heure...

THOMAS.

Sans doute.

* Thomas, Colombe Blaireau.

COLOMBE.

J'aurais dû m'apercevoir qu'il avait quelque chose d'extraordinaire, ce n'était pas lui, ce n'était pas son cœur.... et je l'accusais ! (*Pleurant.*) Ah ! que j'étais injuste!

BLAIREAU.

Comme ça, il est à craindre...

THOMAS.

Qu'il ne devienne tout-à-fait fou, si on ne se hâte d'arrêter le mal.

BLAIREAU.

Je cours chercher soixante sangsues et quatre litres de vin chaud.

THOMAS *.

Du tout. C'est le moral qui est affecté.

BLAIREAU.

Le vin chaud n'y est pas contraire.

COLOMBE.

Que faire alors ?

THOMAS.

Il faudrait avoir le courage d'affliger un moment Joseph...

COLOMBE.

L'affliger ?

THOMAS.

Pour le sauver.

BLAIREAU.

Oui, ah ! oui... Je ne comprends pas.

THOMAS.

Vous savez qu'il est en proie, depuis quelque temps, à des préoccupations continuelles, à une idée fixe... celle du métier qu'il a fabriqué.

COLOMBE.

Hélas ! oui.

BLAIREAU.

Il n'en dort pas.

THOMAS.

Si... on pouvait... éloigner de sa vue... l'objet qui entretient cette idée-là ?

BLAIREAU.

Le métier en question ?

THOMAS.

Peut-être reviendrait-il peu à peu à ses habitudes, à ses travaux.

BLAIREAU.

C'est possible.

THOMAS, *à mi-voix à Colombe.*

A ses amours.

COLOMBE, *de même.*

Vous croyez ?

BLAIREAU.

Eh bien ?

THOMAS.

Eh bien !... je dis que si on pouvait retirer ce maudit métier de ses mains...

COLOMBE.

On tâcherait ensuite de bien le cacher.

BLAIREAU.

Ah ! oui... mais où ?... Ce ne serait pas chez moi, puisque je loge avec Joseph.

COLOMBE, *à Thomas.*

Dans votre chambre, peut-être ?

* Colombe, Thomas, Blaireau.

THOMAS.

Oh ! mon Dieu, pour lui rendre service, ça me serait égal de m'en embarrasser.

COLOMBE.

Merci, M. Thomas, vous êtes notre sauveur.

BLAIREAU.

Eh ! vite, eh ! vite, c'est la voix de Joseph.

THOMAS, *à Colombe*.

Retenez-le un instant.

BLAIREAU.

Pauvre Jojo, va... Oh ! je te guérirai, quand je devrais passer mes journées à te jeter des seaux d'eau sur la tête. (*Ils sortent à droite.*)

COLOMBE.

Il était temps !

SCÈNE IX.

COLOMBE, JOSEPH *.

Air : *En avant, Fanfan-la-Tulipe.*

JOSEPH.

J' crois que la meilleure étoffe,
J' m'en rapporte à l'Institut,
Pour fabriquer l' philosophe,
Doit être celle d'un canut.
Il est rich', désirant peu de chose;
   La gaité
   Suppose
   La santé ;
Rêvant aux amours,
Il passe ses jours
   Sur l' velours.
Le damas et la soie,
Et les épreuv's que l' sort envoie,
L' trouv'ent toujours content
Et chantant.

COLOMBE, *à part.*

Allons, le voilà qui tourne maintenant à la gaité.

JOSEPH, *allant à elle.*

Ah ! mademoiselle Colombe, si vous saviez combien je suis content !

COLOMBE.

Tant mieux, M. Joseph.

JOSEPH, *s'avançant.*

C'est que je suis si heureux ! j'ai réussi ! j'ai ce que j'espérais.

COLOMBE.

Quoi donc?

JOSEPH.

Un protecteur ! et un fameux ! qui va me donner un fier coup d'épaule.

COLOMBE, *ayant l'air de le croire.*

Ah ! il vous a promis...

JOSEPH.

C'est un ancien ingénieur... Je lui ai expliqué mon affaire.. il m'a très-bien compris.

COLOMBE.

Je le crois sans peine.

* Colombe, Blaireau, Thomas.
* Joseph, Colombe.

ACTE I, SCÈNE XI.

JOSEPH.
Il est enchanté. Il doit parler de moi au préfet, à toutes les autorités... Il m'a promis un avenir, de bons appointements... et un logement fourni par le Gouvernement.

COLOMBE.
Ainsi donc?...

JOSEPH.
Me v'là lancé. Aussi, je n' me sens pas de joie.

COLOMBE.
En effet, il y a de quoi.

JOSEPH, *avec mystère*.
Et ce qui me rend plus heureux encore, c'est qu'il y a une chose que je n'osais pas vous dire, et que je dirai maintenant. Je vous aime.

COLOMBE.
Est-il possible!

JOSEPH.
Sans compter qu'il y a longtemps. C'est un secret que j'avais renfermé là. Mais il est temps de vous l'avouer; je vous aime... comme un fou.

COLOMBE, *avec joie*.
O ciel! (*A part, après l'avoir regardé.*) Et moi qui me figurais... qui avais peur...

SCÈNE X.

LES MÊMES, BLAIREAU.

BLAIREAU, *à part**.
C'est fait, grâce au ciel.

JOSEPH, *à Colombe, sans voir Blaireau*.
Vous êtes si jolie.

COLOMBE, *à part*.
Il est tout-à-fait dans son bon sens.

JOSEPH.
Ah! te voilà, Blaireau! Je te prends à témoin que j'adore mademoiselle Colombe.

BLAIREAU.
Hein?

JOSEPH.
Et qu'elle seule sera ma femme.

BLAIREAU.
En voilà bien d'une autre.

JOSEPH, *à Colombe*.
Allons, donnez-moi votre main.

COLOMBE.
La voilà. (*Il lui baise la main.*)

BLAIREAU.
Peut-être que la mienne ferait le même effet.

JOSEPH.
Et quand je pense que mon amour, mon mariage, mon bonheur, tout me vient de cette mécanique.

BLAIREAU.
Allons donc! ton bonheur.

JOSEPH.
Tu ne sais donc pas que c'est un trésor que j'ai trouvé.

BLAIREAU.
Prends garde de le perdre.

* Blaireau, Joseph, Colombe.

JOSEPH, *à Blaireau*.
Donne-moi la clef de la chambre.

BLAIREAU.
Pourquoi faire?

JOSEPH.
Pour aller prendre ma mécanique.

COLOMBE.
Nous y revoilà.

BLAIREAU, *à part*.
Comment faire? (*Haut.*) Je vais te dire... mon pauvre Jojo... il ne faut plus... y penser.

JOSEPH.
Ne plus y penser, quand je lui dois tout!

BLAIREAU.
C'est que... enfin... eh! bien... je... l'ai brisée et jetée au feu.

JOSEPH, *lui sautant au cou*.
Comment! malheureux?

COLOMBE, *cherchant à le calmer*.
M. Joseph.

BLAIREAU, *se débattant*.
Il a une folie bien désagréable pour ses amis.

COLOMBE.
Voilà ce que je craignais.

JOSEPH, *hors de lui*.
Tu veux donc que je t'étrangle.

COLOMBE.
Monsieur Joseph!...

JOSEPH, *à Colombe*.
Non, laissez-moi, il faut que je me venge.

COLOMBE, *essayant de le retenir*.
Il est furieux. (*Appelant.*) Au secours, au secours!...

SCÈNE XI.

LES MÊMES, GAUTHIER, THOMAS, CRAMPON, CANUTS.

CHOEUR.
(*Musique de M. Guénée.*)

Pourquoi ces cris, pourquoi cette colère?
Ce n'est pas bien, nous sommes tous Français;
Entre ouvriers, on commenc' d'ordinaire
Par s'expliquer, sauf à s' taper après.

JOSEPH, *exaspéré*.
C'est une horreur une infamie.

BLAIREAU.
C'est un servic' que j'y ai rendu

GAUTHIER *à Joseph*.
Mais que t'a-t-on fait? je te prie;
Jamais comm' ça, je ne t'ai vu.

JOSEPH, *avec exaltation*.
D'un' trahison je suis victime,
Et ce métier, dont j'étais l'inventeur,
Brisé par la main d'un intime,
Je perds avenir, espoir, bonheur.

THOMAS, *parlé*.
Brisé? Malédiction!

TOUS.
Voyez comm' son regard se trouble.

JOSEPH.
Rien qu' d'y penser ma rag' redouble.
TOUS.
Il est fou, il est fou.
JOSEPH.
Je crois que j'en deviendrai fou.
CHOEUR.
Il faut appeler main-forte,
A coup sûr il n'est pas bien
Dans l'accès qui le transporte
On n' peut répondre de rien.

CRAMPON, *entrant vivement. L'orchestre joue en trémolo.*
(*Parlé.*) Dites donc, vous autres, un gendarme est sur mes talons.
TOUS.
Un gendarme!
GAUTHIER, *effrayé.*
A qui en veut–il?
CRAMPON.
Je ne sais pas. Il va vous le dire lui–même.
LE GENDARME, *entrant.*
On demande l'ouvrier Joseph à la préfecture.

JOSEPH, *désespéré.*
Je vous suis, Monsieur. Que leur dire à présent!...
COLOMBE.
Pauvre Joseph!
BLAIREAU, *pleurant.*
Et c'est toi, gredin qui lui a causé c'te peine-là.
GAUTHIER, *les prenant autour de lui.*
Que ça vous serve de leçon. Voici où conduit l'excès du travail.

JOSEPH ET LES CHOEURS, *reprenant le final.*

JOSEPH.
Maintenant, que vais–je faire!
Dieu! pour moi quel embarras,
Je le sens à ma colère,
Non, je n'y survivrai pas.

CHOEUR.
Que va-t-on, grand Dieu! lui faire?
Pour Joseph, je tremble, hélas!
Dans ses yeux, quelle colère,
Mes amis, suivons ses pas,
Suivons ses pas.

FIN DU PREMIER ACTE.

ACTE II.

Le théâtre représente une chambre d'ouvrier, avec plusieurs images collées sur les murs; porte dans le fond et portes latérales; une table à la gauche des spectateurs.

SCÈNE I.

COLOMBE, GAUTHIER, BLAIREAU. *Gauthier est assis, le bras appuyé sur la table; Blaireau et Colombe, de chaque côté, lui parlent sans s'apercevoir qu'il dort.*

COLOMBE.
N'est-il pas vrai, papa, que M. Blaireau ne doit pas se rebuter, qu'il faut qu'il aille encore tenter d'avoir des nouvelles de Joseph?
BLAIREAU.
Papa Gauthier, je vous respecte, mais faut se mettre à ma place: le lendemain qu'on a emmené Joseph, j' vais trouver l' concierge du préfet... il n' savait rien. Seulement, il l'avait vu emballer dans une voiture qui s' dirigeait du côté de la maison des fous... Je m'y présente, je demande des nouvelles du jeune homme qu'on a amené la veille. — Ah! le n° 17, me dit un gardien haut comme ma botte, avec un chien haut comme une girafe; Ah! ben, il est fou furieux, on ne peut pas le voir.

GAUTHIER, *entendant confusément en sommeillant.*
Ah! oui, la girafe, je vois ça d'ici.
COLOMBE.
Eh! bien, papa, M. Blaireau y est retourné tous les jours depuis un mois, et ne veut pas aujourd'hui y aller. Il finirait par le voir, et, s'il avait voulu...
BLAIREAU.
Si j'avais voulu?.. mais j'avais voulu *; à preuve, c'est qu'un jour le gardien m'envoie promener; vexé, je vas pour lui mettre mon pied en pension quéque part: il fait psitt à son chien, qui m'enlève un bifteck sur... mon pantalon... J'ai pas pu m'asseoir de quinze jours.
COLOMBE.
Eh bien! il faut y aller encore aujourd'hui.
GAUTHIER, *sommeillant.*
Oui...
BLAIREAU.
Mais, père Gauthier, ils m'ont menacé, si j'y retournais encore les embêter, de me donner une douche. J' vous l' demande,... de l'eau

* Gauthier, Blaireau, Colombe.

ACTE II, SCÈNE III.

froide qui vous tombe de trois cents pieds sur le...

COLOMBE.

Eh! bien, j'y vais moi-même.

BLAIREAU.

Eh! ben, non! j'y vas; mais s'ils m'humectent ma chevelure, vous l'aurez sur le cœur.

COLOMBE, *impatientée*.

Partez-vous?

BLAIREAU.

On s'en va, on s'en va. (*à part*.) J'sais pas pourquoi j'ai idée qu'il m'arrivera queuqu'chose de malsain. (*Il sort*.)

SCÈNE II.

COLOMBE, GAUTHIER, *tout-à-fait endormi*.

COLOMBE.

Quel dommage, hein, papa? que ce pauvre Joseph... (*Il ronfle*.) Quoi! vous dormez!

GAUTHIER, *se réveillant en sursaut*.

Hein?

COLOMBE.

Qu'est-ce que vous faisiez là?

GAUTHIER.

Je travaillais.

COLOMBE.

C'est-à-dire que vous rêviez que vous travailliez.

GAUTHIER.

Je venais de finir deux pièces d'étoffe magnifiques!

Air d'Antippe.

L'bourgeois, content d'mon zèle et d'mon adresse,
M'offrait de l'or, afin d'm'encourager;
J'acceptais tout avec délicatesse,
Puis je passais dans la salle à manger,
Où j'm'en donnais comme tu peux en juger!
Illusion chère autant qu'agréable!
Dès qu'le sommeil vient m'dominer,
Je rêve toujours que j'suis à table...
Aussi j'm'endors quand je veux bien dîner.

Je suis fatigué, donne-moi à boire.

COLOMBE.

Du tout! vous ne voulez donc pas travailler?

GAUTHIER, *se levant vivement*.

Je ne veux pas travailler!! et c'est ma fille, c'est mon sang qui me dit ça! Mais puisque je n'ai plus mon livret!... ce livret que je portais toujours sur mon cœur! C'est Thomas qui l'a emporté dans sa fuite, le malheureux?

COLOMBE.

Pourquoi le lui aviez-vous confié?

GAUTHIER, *la prenant à part*.

Il y a de ces mystères qu'il ne faut pas chercher à approfondir.

COLOMBE.

Ce qu'il y a de sûr, c'est que je vous avais trouvé de l'ouvrage. Vous envoyez Thomas à votre place; il s'est contenté de regarder de quoi il s'agissait, et n'a plus reparu.

GAUTHIER.

Tu grondes ton père! toi la douceur même, un

petit agneau en robe de mérinos... et c'est Thomas qui m'enlève le cœur de la fille de ma femme. Tiens, laisse-moi, je vais aller me coucher... pleurer sur ma couche solitaire... Mais j'ai bien soif! j'aurais voulu avant...

COLOMBE.

Mon père...

GAUTHIER *, avec désespoir*.

Et je n'ai plus mon livret!... et tout m'échappe à la fois!... et je n'aurai pas le bonheur d'établir ma fille!... car il faut 5,000 fr. pour l'établir et payer mes dettes... Je suis un monstre!... Abandonne-moi... laisse-moi là à rien faire... (*pleurant*.) et si la pitié n'est pas tout-à-fait éteinte dans ton cœur, eh bien! tu viendras me visiter... tous les jours... deux fois par jour... tu m'apporteras du pain, rien que du pain, et de l'eau; c'est assez bon pour toi, Gauthier! avec du petit salé, des côtelettes... et du vin à douze... Thomas! Thomas! mon livret! rends-moi mon livret!!

SCÈNE III.

LES MÊMES, THOMAS **.

THOMAS.

Bonjour, père Gauthier!

GAUTHIER, *reculant surpris*.

C'est toi? d'où viens-tu comme ça?

THOMAS.

De faire un petit voyage.

GAUTHIER.

Il s'absente!... et sans me rendre mon livret! J'suis sûr qu'il l'aura perdu.

THOMAS.

Le voici.

GAUTHIER, *interdit*.

Tu l'as? (*A part*.) Pourquoi diable qu'il est revenu. (*Haut avec dignité*.) Vous me le rendrez en temps et lieu... Vous venez sans doute pour travailler?

THOMAS.

Pas précisément... un autre motif m'amène. Vous n'avez pas encore revu Joseph?

COLOMBE.

Mon Dieu non!

GAUTHIER.

Toujours entre quatre murailles.

THOMAS, *à part*.

Bon! il est encore temps. (*Haut*.) Père Gauthier, je vous demande la main de votre fille.

COLOMBE, *interdite*.

Hein?

THOMAS.

Pour toi?

GAUTHIER.

Et pour qui donc?

GAUTHIER, *se posant*.

Ta demande me flatte. L'ouvrier n'est pas intéressé... je tiens avant tout au bonheur de ma

---

* Colombe, Gauthier.
** Colombe, Thomas, Gauthier.

fille... et pourvu que tu y joignes une somme de cinq mille francs seulement dont j'ai besoin...

THOMAS.
Vous les aurez.

GAUTHIER.
Quand?

THOMAS.
Quand vous voudrez.

COLOMBE.
Mais, mon père...

GAUTHIER.
Ça ne te regarde pas... c'est à moi de régler tes intérêts.. et puisqu'il accepte l'arrangement que je propose.

THOMAS.
A une condition... c'est que vous me signerez un dédit.

COLOMBE.
Un dédit?

THOMAS.
De pareille somme, dans le cas où vous ne tiendriez pas votre promesse.

GAUTHIER.
C'est trop juste. (*A part.*) Qu'est-ce que je risque?

COLOMBE.
Il faudra peut-être mon consentement.

GAUTHIER.
Du tout.

COLOMBE, *à mi-voix à Gauthier.*
Du tout?... Eh bien moi, mon père, je vous jure que je ne serai jamais à lui. (*Elle sort vivement par le fond du théâtre.*)

GAUTHIER.
Oh! bah!

THOMAS.
Quoi donc?

GAUTHIER.
Rien... je lui explique la chose!

THOMAS.
Avez-vous ici des plumes et du papier?

GAUTHIER.
Je ne crois pas. J'écris beaucoup, mais toujours avec la main de ma fille. Si tu veux passer là, tu trouveras tout ce qu'il te faudra.

THOMAS.
C'est bien. Je vais rédiger moi-même l'acte. (*Il sort par la droite.*)

SCÈNE IV.

GAUTHIER, BLAIREAU *.

BLAIREAU, *qui est entré un peu avant la sortie de Thomas.*
Rédiger? De quel acte est-il question? (*Regardant à droite.*) Mais, c'est Thomas.

GAUTHIER.
Oui, il est revenu... il m'a parlé très-bien... Je lui donne ma fille, il me donne 5,000 francs, et... c'est très-bien arrangé.

* Blaireau, Gauthier.

BLAIREAU.
C'est à faire frémir la nature... On vous a dit qu'elle en aime un autre; cet autre, c'est moi... D'ailleurs... savez-vous ce que c'est que Thomas?

GAUTHIER.
Thomas est un ouvrier rangé qui, depuis un an qu'il travaille à Lyon, a su économiser 5,000 francs sur ses journées de cent sous.

BLAIREAU.
Thomas est un intrus. On vient de le voir descendre d'une voiture de voyage, en monsieur... avec des gants... et il a été se rhabiller en ouvrier.

GAUTHIER, *avec joie.*
Hein? Je m'en avais douté. C'est quelque prince qui s'est amouraché de ma fille.

BLAIREAU.
C'est plutôt un...

GAUTHIER.
N'achève pas.

BLAIREAU.
Mais au moins ne faites rien avant que j'aie pris des renseignements. Je me charge d'éventrer la mèche...

GAUTHIER.
Je te le défends... D'ailleurs j'ai un autre moyen de m'assurer... Le voilà, motus.

SCÈNE V.

GAUTHIER, BLAIREAU, THOMAS *.

THOMAS.
J'apporte la promesse et le dédit. Il ne manque plus que votre signature.

GAUTHIER.
Un instant, Monsieur. L'ouvrier lyonnais n'a que sa parole; mais pour des raisons que je ne peux pas dire... il me faut maintenant... 10,000 francs.

THOMAS, *avec indifférence.*
Vous les aurez.

BLAIREAU, *bas à Gauthier.*
Quand je vous dis que c'est un rien du tout.

GAUTHIER, *idem.*
M'est avis que c'est un vieux général. (*Haut.*) Un pareil consentement redouble mes soupçons et m'oblige à vous en demander vingt.

THOMAS, *idem.*
Vous les aurez.

BLAIREAU.
Voyez-vous le va nu-pieds!

GAUTHIER.
Alors je ne sais plus sur quoi compter... et dans le vague où je me trouve, j'ai le droit d'en exiger trente.

THOMAS.
C'est dit. Venez signer.

BLAIREAU, *à Gauthier, bas.*
J'y suis; c'est un marchand de sangliers de basse-cour.

* Blaireau, Gauthier, Thomas.

GAUTHIER, *idem.*
Ou un prince nègre déguisé; mais s'il veut me faire aller, nous verrons bien. (*Haut.*) Thomas, pour des raisons à moi connues, il me faudrait 5,000 francs comptant.

THOMAS, *lui présentant un portefeuille.*
Soit ; les voilà.

GAUTHIER, *l'ouvrant.*
Ma foi, oui... et en bons billets de caisse.

BLAIREAU.
Il vous attrape.

GAUTHIER.
Attrape-moi de même, et je me laisserai faire.

BLAIREAU.

Air : Quand j'n'ai pas le sou.

Mais r'gardez donc sa figure est commune;
Il doit avoir ses quarante ans et plus.

GAUTHIER.

Il ne faut voir, mon cher, que sa fortune :
On est très-bien quand on a du quibus.

BLAIREAU.

Vous raisonnez vraiment comme un rébus.

GAUTHIER.

Le temps vous met l'amour à la réforme,
Un Adonis, qu'il n'a point épargné,
Ne charme plus sous son air renfrogné...
Mais un écu, gardant toujours sa forme,
Nous plaît encor, mêm' quand il est rogné.

(*Haut à Thomas.*) Monsieur mon gendre, je suis à tes ordres. Nous allons ratifier ça aux barreaux verts.

BLAIREAU, *le retenant.*
Ne le suivez pas; laissez-moi prendre mes informations.

GAUTHIER.
Je te le défends. Je te dis que c'est un grand duc étranger qui aura pris le costume séduisant de canut, et... qui... Mais tu m'embêtes.

THOMAS, *en dehors.*
Allons, Gauthier !...

GAUTHIER.
Voilà !... voilà ! (*Il sort par le fond.*)

SCÈNE VI.

BLAIREAU, *puis* **COLOMBE**.

BLAIREAU.
Ah! gros canard habillé en homme! Tu ne comprends donc rien au bonheur de ta fille?... Tu ne vois donc pas que, seul, je puis réaliser cette chimère?... Mets-nous donc tous les deux dans une balance, tu verras que je pèse le plus. Mais, non... Et comment annoncer cette nouvelle à Colombe?... Elle a beau ne pas me le dire, sa passion se concentre dans son estomac; elle m'aime, la malheureuse!

COLOMBE, *arrivant en désespoir.*
Ah! M. Blaireau!

BLAIREAU.
Vous avez déjà vu votre père?... je conçois votre chagrin.

COLOMBE.
Mais vous ne savez donc pas?... Je reviens de chez notre ami, car je tenais à avoir de ses nouvelles.

BLAIREAU.
Eh bien?

COLOMBE.
J'entre, et je demande le n° 17; Joseph a trompé ses gardiens, et s'est échappé ce matin même.

BLAIREAU.
Il s'est échappé?

COLOMBE.
Et si on le rattrape, il en a pour trois mois avec la camisole de force.

BLAIREAU.
Et lui qui prend du tabac!... Ah! tâchons de le trouver, le pauvre garçon !... Tenez, mademoiselle Colombe, s'il vient, eh bien ! nous l'enfermerons ici... non à la cave pour rafraîchir ses idées... nous en aurons tant soin, tant soin, qu'il finira par se guérir.

COLOMBE.
Ah! bien, M. Blaireau... vous avez bon cœur! Embrassez-moi pour la peine, et soyez sûr...

(*On entend la voix de Joseph qui chante dans la coulisse les quatre vers qui suivent.*)

BLAIREAU.
Qu'entends-je ?

COLOMBE.
Cette voix !

BLAIREAU.
Je ne me trompe pas !

SCÈNE VII.

LES MÊMES, JOSEPH *.

Air de la Croix d'Or.

JOSEPH.
Après tant d'peine
Béni soit l'jour
Qui me ramène
Dans ce séjour.

(*Il paraît en scène.*)

BLAIREAU ET COLOMBE.
C'est lui !

JOSEPH, *apercevant Colombe.*
C'est elle ! ah douce ivresse !

COLOMBE, *avec crainte.*
Joseph !

JOSEPH.
Colombe !

(*Apercevant Blaireau*).
Et mon ami !

Blaireau, Joseph, Colombe.

Venez ! qu' dans mes bras je vous presse !
(*Colombe court à lui*).

BLAIREAU.

Je m' risque aussi !...

TOUS LES TROIS :
Après tant d'peine
Béni soit l'jour

Qui le ramène
    me

Dans ce séjour.

JOSEPH.

Que je suis donc content de vous voir, mes bons amis. Tenez.... mon cœur bat avec une violence !...

COLOMBE.

Ce n'est pas un mauvais symptôme.

JOSEPH.

C'est l'effet du retour... c'est que je vous aime plus que jamais.

COLOMBE, *à part*.

Il y a dans ses yeux une expression de vérité... et surtout de raison...

JOSEPH.

Que je vous embrasse encore. (*Il l'embrasse.*)

COLOMBE.

Allons... cela va tout-à-fait bien.

BLAIREAU.

Pauvre garçon, c'est pas encore passé. (*Haut.*) Comment que t'as fait pour t'échapper?

JOSEPH.

J'aurais bien voulu voir qu'on m' retienne !..

BLAIREAU

T'étais donc pas enchaîné ?

JOSEPH.

Par exemple !... J'étais bien nourri, bien choyé. Mais loin de ma petite Colombe, que je chéris... c'était triste !...

COLOMBE, *à part*.

Oh ! le voilà guéri.

BLAIREAU, *à part*.

C'est drôle, il ne parle plus mécanique, il ne parle que d'amour. Il a la folie voluptueuse.

COLOMBE.

Ainsi, vous avez bien pensé à moi ?

JOSEPH.

Je n'ai pas cessé... et au milieu de tout ce qui m'est arrivé là-bas.

BLAIREAU.

N' parlons plus d' ça, mon ami... faut l'oublier...

JOSEPH, *s'animant*.

L'oublier ?... au contraire... J'en ai tant à vous raconter !

BLAIREAU, *à part*.

Nous allons en entendre de belles.

JOSEPH.

Vous vous souvenez comme j'étais furieux, quand le gendarme est venu me chercher? il m'a conduit à l'Hôtel-de-Ville...

BLAIREAU, *l'interrompant*.

Ah ! t'appelles ça l'Hôtel-de-Ville ?

JOSEPH.

Le préfet m'attendait en dînant... ce que j'avais oublié de faire. Vous allez, qu'il me dit, vous mettre en route. Le Gouvernement veut vous parler.

COLOMBE, *avec intérêt et crainte*.

Le Gouvernement !

JOSEPH.

On ne me laisse pas le temps de réfléchir, on m'emballe dans une voiture.... Il faisait une pluie battante !

BLAIREAU, *à part*.

C'est les douches qu'il a pris pour de la pluie.

JOSEPH.

Nous arrivons à Paris...

BLAIREAU.

Et de temps en temps, toujours une pluie battante ?

JOSEPH.

Oui, par intervalles.

BLAIREAU, *à part*.

C'est bien les douches.

JOSEPH.

Sitôt mon arrivée, on me conduit chez un Monsieur qu'ils appellent M. Carnot.

BLAIREAU.

Carnot ?.... (*A part.*) On y aura crié, gare l'eau !

JOSEPH.

Il m'toise et m'examine de la tête aux pieds... « C'est donc vous, qu'il me dit, dit-il, qui préten- « dez avoir inventé un nouveau métier pour la « fabrication de la soie ?... Voyons, expliquez- « vous. » Mes regards rencontrent les siens ; je me trouble, je balbutie..« Vous ne savez ce « que vous dites ! s'écrie-t-il.. vous êtes un « charlatan. »

BLAIREAU.

Tu y as pas donné une....

JOSEPH.

Le rouge me monte au front. Oh ! plus de timidité alors ; je saisis un crayon, et sous ses yeux, je vous ai en un instant emmanché des broches, des cylindres, et tout un métier battant sur le papier.

COLOMBE, *à part, en soupirant*.

Le voilà retourné à son idée fixe.

JOSEPH.

Un petit homme qui était là, se lève, s'approche, regarde mon dessin avec attention, sourit, me tire l'oreille à me faire crier, et dit à Monsieur...

BLAIREAU.

A M. Chose.

JOSEPH.

A demain à onze heures, au Carrousel.

BLAIREAU ET COLOMBE.

Au Carrousel ?

JOSEPH.

Oh ! laissez-moi recueillir mes souvenirs.... Ce jour fut le plus beau de ma vie.... le soleil était magnifique.

BLAIREAU, *à part*.

On n'y aura pas donné de douches ce jour-là.

ACTE II, SCÈNE IX.

JOSEPH.
Je pars avec Monsieur....

BLAIREAU.
N'importe.

JOSEPH.
Figurez-vous une foule immense que nous traversons comme par enchantement; la troupe se garait sur notre passage..... et me voilà, moi avec ma veste, mon vieux chapeau, au milieu de généraux cousus d'or, ornés de moustaches et de plumets de toutes couleurs, avec de grands sabres qui r'luisaient au soleil et me faisaient cligner les yeux... j'étais fou.

BLAIREAU, à mi-voix.
Tu l'es bien encore, mon bon homme.

JOSEPH.
Un mouvement général se fait... Le premier Consul ! Le premier Consul ! Mes jambes tremblent, je veux me sauver, je peux pas. Et un homme à cheval salue d'un geste cette foule resplendissante, vient droit à moi... me prend la main !... (Il pleure.) Ah ! laissez-moi pleurer, ça me fait plaisir. Je lève machinalement les yeux, et je reconnais... qui ? Le petit homme qui la veille m'avait tiré l'oreille.

BLAIREAU.
C'était ?

JOSEPH.
Le premier Consul !

BLAIREAU.
Le premier Consul ?

JOSEPH.
Le premier Consul !!! qui dit à haute voix : « Messieurs, voilà un brave ouvrier lyonnais qui a bien mérité de la France : notre industrie lui doit une victoire.... Oui, Messieurs, grace à lui, à sa découverte, nos soieries n'ont plus de concurrence à craindre : tous les marchés leur appartiennent ! »

COLOMBE, à part.
Pauvre garçon !

JOSEPH.
On m'entoure, on me parle... je ne réponds pas, je me trouve mal, et le lendemain je me réveille installé au Conservatoire des Arts-et-Métiers, une grande boutique où j'avais gratis ce qu'il me fallait pour travailler... Je m'y suis mis, et en quinze jours j'avais refait ma mécanique ; (Frappant son front.) car elle était toujours là... elle n'en était pas sortie !...

COLOMBE, à part.
Malheureusement !

BLAIREAU, lui donnant la main.
C'est très-bien, Joseph.

JOSEPH, à Colombe.
Tenez, maintenant que je suis près de vous, j'oublie mes fatigues.... et les cent lieues que j'ai dans les jambes... J'aurais pu revenir en voiture : on m'avait dit de passer dans huit jours au Ministère des finances, où on distribue de la monnaie ; mais attendre huit jours ! j'ai mieux aimé partir à pied... J'marchais jour et nuit, car je n'avais pas le sou, et j'étais pressé d'arriver.

COLOMBE.
Merci, mon bon Joseph.

JOSEPH.
Ah ! ça je vas m'expliquer franchement avec votre père, parce que maintenant que j'ai la protection du premier consul...

COLOMBE.
Il n'y a pas de doute.

BLAIREAU.
Il faudra qu'il signe au contrat. (A part.) C'est qu'il a un air de bonne foi et de conviction...

JOSEPH.
Que Gauthier prenne garde !... s'il ne consentait pas à notre mariage... Ah ! tenez, ne pensons pas à cela, je n'ai pas la tête forte, et elle pourrait bien...

COLOMBE.
Il consentira.

~~~~~~~~~~~~~~~~~~~~~~~~~~~~

SCÈNE IX.

LES MÊMES, GAUTHIER *.

GAUTHIER, l'apercevant.
Eh ! je ne me trompe pas, c'est Joseph. Eh bien ! arrive donc ici, qu'on te regarde. (L'examinant.) Il paraît que ça va mieux ?

JOSEPH.
Mais oui... Le voyage de Paris m'a fait du bien.

GAUTHIER, étonné.
De Paris?

BLAIREAU.
Ah ! il en a bien long à vous conter. (Il pousse Gauthier vers Joseph; tous deux remontent un peu la scène, et Blaireau, qui s'est rapproché de Colombe, lui dit à voix basse :) Retenez-le un peu : je vais faire mettre des barreaux aux fenêtres de notre petite chambre, et puis savoir en ville ce qu'on dit de sa fuite... (Haut.) Mon petit Jojo, je te quitte. Nous serons bien sage pendant mon absence, ou Blaireau se fâchera contre son Jojo !.. (Bas à Colombe.) Ça y en impose.

JOSEPH.
Ce cher Blaireau ! toujours bon enfant.

BLAIREAU.
Toujours ! J'suis pas changé, moi... (Bas à Colombe.) Si vous voyez que ça tourne trop à la volupté, v'lan ! un seau d'eau sur la tête.

ENSEMBLE.
Air du Brasseur de Preston.

BLAIREAU.
Il paraît calme, dieu merci !
Mais je vous le répète
Ayez toujours un œil sur lui,
Et r'tenez la recette.

COLOMBE.
Il paraît calme, dieu merci !
Mais son r'gard m'inquiète ;
J'aurai toujours un œil sur lui,
Et r'tiendrai la recette.

* Blaireau, Gauthier, Joseph, Colombe.

JOSEPH.
Ah! désormais plus de souci!
Plus de crainte inquiète!
Du bonheur en rentrant ici,
J'ai r'trouvé la recette.

GAUTHIER.
Il a, quoiqu'il revienn' guéri,
Queq' chos' qui m'inquiète,
Et j'aurai toujours l'œil sur lui,
D'peur qu'il n' me compromette.
(*Blaireau sort par la porte du fond*).

SCÈNE X.

JOSEPH, GAUTHIER, COLOMBE.

GAUTHIER, *à Joseph*.
Ah! dam! l'exercice est bonne pour la santé... Pendant que tu te donnais de l'air, et que tu te promenais, nous ici, nous piochions... J'ai amassé une trentaine de mille francs.

JOSEPH, *avec étonnement*.
Ah! bah!

COLOMBE.
Qu'est-ce que vous dites donc, mon père?

GAUTHIER.
Je dis que l'ouvrier qui amasse ça, il ne faut pas qu'il s'endorme... Maintenant, je vais marier ma fille, et me reposer. Quand on a travaillé toute sa vie...

JOSEPH, *avec joie*.
C'est ça. Faut marier votre fille, et je viens...

GAUTHIER.
Tu viens pour assister à sa noce! c'est très-bien de ta part.

JOSEPH, *avec éclat*.
Hein? vous auriez disposé de sa main?

GAUTHIER.
Il me semble que la nature m'en a donné le droit.

JOSEPH.
Non, vous ne ferez pas ça, ou je serais capable!..

GAUTHIER, *criant*.
Ah! ça! tu le prends bien haut! j'ai promis et je tiendrai ma promesse!

JOSEPH, *à lui-même, se frappant la tête*.
Et c'était l'idée de l'épouser qui me donnait tant de courage!.. O ma tête!!! (*Lui prenant le bras avec violence*.) Père Gauthier!!!

GAUTHIER, *effrayé et baissant le ton*.
Écoute donc, mon petit Joseph, voilà ce que c'est. Si Colombe n'accepte pas Thomas, je suis réduit à repiocher; j'ai du courage, je trime; mais à la fin...

JOSEPH.
Que craignez-vous avec votre fortune actuelle?

GAUTHIER.
Je crains tout. Il n'y a que ça qui me retienne.

JOSEPH.
C'est une défaite.

GAUTHIER, *à Colombe*.
Écoute, si elle n'épousait pas le mari en question, au lieu de trente mille francs que je vais avoir, il faudrait les donner: différence, soixante mille francs; et s'il fallait retirer ça de mes capitaux, ça me gênerait.

JOSEPH.
Voulez-vous que je vous dise, vous êtes fou!

GAUTHIER.
Ah! c'est moi qui suis...

JOSEPH.
Mais vous êtes à renfermer, à lier... à recevoir des douches.

GAUTHIER, *se fâchant*.
Ah! je suis...

COLOMBE, *bas*.
Prenez garde!.. Voyez comme ses yeux brillent!

GAUTHIER, *à part*.
En effet. (*se radoucissant*.) Qu'il est drôle, ce petit Joseph. On en recevra des douches, là!..mais j'y peux rien, ça ne me regarde plus: adressez-vous au futur. Tiens, le v'là, qu'il me rende ma parole, qu'il ne me redemande rien avec.

JOSEPH.
C'est lui. J'en fais mon affaire. (*Il s'avance vers Thomas qui entre.*)

GAUTHIER, *à part*.
Ah! tu t'es échappé?.. Je vas redonner ton adresse. (*Il sort.*)

SCÈNE XI.

JOSEPH, THOMAS, COLOMBE.

JOSEPH.
Thomas, j'aime mademoiselle Colombe!

THOMAS, *froidement*.
Je le sais.

JOSEPH.
Mademoiselle Colombe m'aime.

THOMAS, *id*.
Je le sais.

JOSEPH.
Et tu veux l'épouser?

THOMAS.
Pourquoi pas?.. Son père me la donne.

JOSEPH.
Thomas! Un ouvrier comme nous autres n'a pas trente mille francs à lui, à moins qu'il ne les ait volés!..

COLOMBE.
Ah! prenez garde, M. Joseph.

THOMAS, *froidement*.
Il a raison. Aussi je ne suis pas ce que je parais à vos yeux.

JOSEPH.
J'en ai déjà eu l'idée.

THOMAS.
Je suis... un manufacturier voué par goût à l'industrie, dont je poursuis partout les progrès. J'ai voulu pénétrer les secrets de la fabrication

ACTE II, SCÈNE XII.

lyonnaise. Pour y parvenir, il fallait descendre au milieu des ouvriers et me mêler à leurs travaux : je n'ai pas balancé... car je suis aussi un peu mécanicien.

JOSEPH.

Vous êtes mécanicien?... Oh! alors, nous pourrons nous entendre...

THOMAS.

Il ne tient qu'à toi.

JOSEPH.

A moi?

THOMAS.

A force d'observer, je commençais à en savoir autant que les plus habiles. J'en étais heureux et fier, lorsque j'ai appris que ça ne pouvait plus me servir à rien ; qu'un ouvrier nommé Joseph Jacquart, c'est toi, avait inventé un métier qui rendait tout le reste inutile.

JOSEPH.

Je m'en flatte.

THOMAS.

Pauvre Jacquart! Tout le monde te traitait de fou.. moi seul...

COLOMBE.

Il serait possible!

JOSEPH.

Hein?

THOMAS.

Tu venais de résoudre le problème lorsqu'on te fit partir pour Paris... Eh! bien je t'y suivis. Chaque jour, au Conservatoire des Arts et Métiers, un ouvrier venait te demander sans pouvoir te parler...

JOSEPH.

C'était vous?

THOMAS.

C'était moi. Je m'y présente une dernière fois, tu étais parti. Il est amoureux, me dit un employé de l'établissement. Il est retourné près d'elle.

COLOMBE, *pleurant, lui serrant la main.*

Bon Joseph.

THOMAS.

Je reviens ici, bien décidé à posséder ton secret, à l'acquérir à tout prix.

JOSEPH.

Ne l'espérez pas... C'est le rêve de toute ma vie, c'est mon honneur, c'est ma gloire! Et vous m'offririez... que sais-je?.. un million..

THOMAS.

Oui... mais si je te disais : grâce à un dédit de trente mille francs, Gauthier ne peut me refuser la main de sa fille... elle est à moi!

JOSEPH, *avec colère.*

A vous?

THOMAS.

Eh bien! Thomas te la donne.

JOSEPH ET COLOMBE.

Grand Dieu!

THOMAS.

Je te cède tous mes droits.

JOSEPH, *à Thomas. (Il passe près de Colombe.)*

C'est marché conclu.. Mes plans, mes idées,

ma mécanique, ma gloire, je vous donne tout... je croirai encore vous devoir du retour..

THOMAS, *à part, avec joie.*

Enfin!

COLOMBE.

Ah! que je suis heureuse!

JOSEPH.

Et moi, donc!

THOMAS.

C'est bien. Je vais prévenir Gauthier que je me désiste et que je suis prêt à lui payer le dédit de trente mille francs. (*Il déchire une feuille de son carnet, et écrit.*)

COLOMBE.

Mon ami, mon bon Joseph, il faut que je vous demande pardon.

JOSEPH.

Et de quoi, ma p'tite Colombe?

COLOMBE.

D'avoir été injuste, de vous avoir méconnu; car j'étais comme les autres, je me figurais que vous aviez perdu la tête.

JOSEPH.

Vous?

COLOMBE.

Et tout-à-l'heure encore, quand vous m'avez raconté votre voyage à Paris, votre visite au premier consul, tout ça m'a paru si étrange...

JOSEPH.

Que vous n'en avez pas cru un mot?

COLOMBE.

Pardon, mille fois pardon!

JOSEPH.

Pardon? quand je suis si content... Quand nous nous allons être l'un à l'autre!..

SCÈNE XII.

LES MÊMES, BLAIREAU *.

BLAIREAU, *avec joie.*

Grande nouvelle! embrasse-moi donc, Jojo! Tu ne sais pas?.... tu n'es pas fou! tu ne l'as jamais été!

THOMAS.

Non, parbleu! (*Frappant sur l'épaule de Joseph.*) La tête est excellente... comme le cœur.

BLAIREAU.

Qui est-ce qui vous dit le contraire?

THOMAS, *à Joseph.*

Votre bonheur n'a plus rien à craindre,.. (*A Colombe.*) Je vais remettre ce papier à votre père. (*Il sort.*)

BLAIREAU, *le suivant des yeux.*

Est-il drôle!... il a l'air de me faire un reproche... (*A Joseph.*) Il y a eu erreur, et voilà tout. On a rattrapé le numéro 17.

JOSEPH, *étonné.*

Qu'est-ce que le numéro 17.

BLAIREAU.

Ah! un pauvre jeune homme qu'on avait enfermé le même jour que le gendarme était venu te prendre; c'est ce qui a été cause du mal-en-

---
* Thomas, Joseph, Colombe.
* Thomas, Blaireau, Joseph, Colombe.

tendu. Mais toi, c'est donc vrai, ton voyage?... Le premier consul t'a tiré l'oreille ; que t'es donc heureux ! Ah ! s'il m'arrachait les miennes, ça me ferait tant plaisir que j'en pleurerais.

JOSEPH.
Non, mon garçon, je n'étais pas fou... et dans ce moment-ci il y aurait pourtant de quoi perdre la tête de joie. (Il embrasse Colombe.)

BLAIREAU, le prenant à part.
Non... non... il ne faut plus, vois-tu. Tant que je t'ai cru fou, bon! maintenant, minute! tu mets Colombe dans une fausse position.... car elle m'aime.

COLOMBE, le calmant.
Oui, M. Blaireau, je vous l'ai dit, je vous aime parce que vous êtes bon, fidèle ami... vous sacrifieriez tout pour faire le bonheur de Joseph.

BLAIREAU, attendri.
Ah ! oui, pauvre Jojo, veux-tu mes effets ? ma garde-robe ? veux-tu que je m' cogne pour toi ? veux-tu...

COLOMBE, passant auprès de Blaireau.
Pendant que vous êtes en train de donner, dites-lui : veux-tu épouser Colombe?

BLAIREAU.
Excusez du peu !

COLOMBE.
Vous aimeriez donc mieux me voir la femme de Thomas?

BLAIREAU.
De Thomas ? un Anglais !

COLOMBE ET JOSEPH.
Un Anglais?

BLAIREAU.
Eh ! oui, je viens de l'apprendre il n'y a qu'un instant... C'est un manufacturier de Livre-aux-Poules qui s'est introduit parmi nous, je ne sais pas dans quel but.

JOSEPH, à lui-même.
Je le devine, moi.

BLAIREAU.
Mais à coup sûr, ses billets sont faux, ses sentiments idem ; il se fiche de vous, tandis que moi... eh ! bien, adieu toutes ces espérances ! vous m'avez trompé, c'est mal.

COLOMBE.
Mon bon Blaireau !

BLAIREAU.
N'me regardez pas si gentiment, j'aurais pas le courage de vous gronder.

COLOMBE.
Ce n'est pas ma faute.

BLAIREAU.
Je le sais bien..... c'est égal.... Ça me coûte... mais puis je ne puis pas m'y opposer, j'y consens. (Passant auprès de Joseph.) Joseph, épouse-la, rends-la heureuse. Si parfois tu rentres un peu... et que tu te fâches... ne tape pas trop fort ; vois-tu, la femme est faible, et... quand elle sera la tienne.

JOSEPH.
Ma femme!... elle ne peut être ma femme !

COLOMBE.
Hein ?

BLAIREAU.
En voilà bien d'une autre.

SCÈNE XIII.
LES MÊMES, GAUTHIER.

GAUTHIER, entrant tout pâle,
Ah ! mes amis!... ma fille?... je n'en puis plus, je suis tout tremblant.

TOUS.
Qu'est-ce qui s'est passé !

GAUTHIER.
Les canuts sont en ébullition ; tu es bien heureux de ne pas être chez toi, ils doivent être en train de tout casser.

BLAIREAU.
Par exemple ! un mobilier superbe qui m'a coûté quarante-huit francs.

JOSEPH, à Gauthier.
Qu'est-ce qui les pousse à ça ?

GAUTHIER.
Il n'est question dans toute la ville que d'un nouveau métier, d'une machine qui doit simplifier la façon de la soierie. Moi, j' leur z'y ai dit machinalement, c'est peut-être celle que Joseph rapporte, et qu'il avait commencée avec Blaireau.

BLAIREAU.
Le père Gauthier ne peut rien garder ; c'est comme une cafetière qui fuit.

GAUTHIER.
Là-dessus ils se figurent qu'on doit leur ôter du travail !... et ils s'en plaignent, les malheureux !!! Alors, ils sont entrés en fureur.

BLAIREAU.
Les imbéciles !

GAUTHIER.
Et ils parlent de vous jeter dans le Rhône, toi et Joseph...

BLAIREAU.
Un instant, je n' sais pas nager...

JOSEPH, faisant un mouvement pour sortir.
C'est à moi de les calmer... Ils ne refuseront peut-être pas de m'entendre.

GAUTHIER.
Y penses-tu !

COLOMBE, retenant Joseph.
Mon ami !

JOSEPH.
Je veux aller les trouver.

BLAIREAU.
Du tout...

COLOMBE, à Joseph.
Votre vue les irriterait davantage.

SCÈNE XIV.
LES MÊMES, THOMAS *.

THOMAS.
Monsieur Jacquart, les canuts sont sur mes traces. Ils sont furieux contre vous.

* Gauthier, Colombe, Thomas, Joseph, Blaireau.

ACTE II, SCÈNE XVI.

JOSEPH.
Je le sais.
BLAIREAU.
C'est moi que ça regarde... Je vais leur z'y parler de la bonne encre et leur mettre les poings sur les i.
JOSEPH, *à Blaireau.*
Prends garde au moins de t'exposer.
BLAIREAU.
Sois tranquille... rien que par la douceur. (*A mi-voix.*) Le premier qui m' tombe sous la coupe, je l' casse en quatre et j' distribue les morceaux aux autres. (*Il sort en courant par la porte du fond.*)

SCÈNE XV.

GAUTHIER, COLOMBE, THOMAS, JOSEPH.

GAUTHIER.
Il est capable de le faire comme il le dit.
COLOMBE.
Ah! mon dieu!
THOMAS, *à Joseph.*
Soyez sans crainte; j'ai pris mes mesures pour vous soustraire à leurs regards... Ma voiture est en bas, et par cet escalier... venez, suivez-moi!
JOSEPH.
Non, Monsieur!
GAUTHIER ET COLOMBE.
Comment?
THOMAS.
Hésiteriez-vous à tenir votre promesse?
JOSEPH.
Je n'hésite pas : je refuse...
THOMAS.
Après l'engagement que vous avez pris?
JOSEPH.
Il est nul. Je croyais traiter avec un compatriote; mais livrer mon secret à une nation rivale!.. jamais!
GAUTHIER.
V'là c' qui s'appelle parler en bon français!
THOMAS, *montrant Colombe.*
Quoi! refuseriez-vous votre bonheur?
JOSEPH.
Je ne puis l'accepter à ce prix. Ma découverte appartient à mes concitoyens.
THOMAS.
Qui veulent vous tuer.
JOSEPH.
Eh! bien, elle leur profitera après ma mort.
GAUTHIER.
Est-il entêté?.. C'est beau!
JOSEPH.
Air du Vaudeville des Frères de lait.
Ce s'rait trahir l'intérêt de la France,
Moi d' la servir je s'rai toujours jaloux;
C'est un devoir qu'impose ma naissance :
Car la patrie est notre mère à tous;
Oui, la patrie est notre mère à tous!
Respectons-la.

THOMAS.
Jusque dans ses sévices?
JOSEPH.
L'honneur, comme je l'ai compris
Mêm' quand un' mère commet des injustices,
Ne permet pas qu'on soit un mauvais fils.
(*On entend crier dans les coulisses : Jacquart, à bas Jacquart!*)
COLOMBE.
Ah! mon Dieu! entendez-vous les cris?
GAUTHIER, *tout tremblant.*
Ce sont eux! (*Il se cache sous la table.*)
JOSEPH.
Je les attends!
(*On entend de nouveau les cris de : Jacquart! Jacquart! à bas Jacquart!*)
COLOMBE, *se précipitant dans les bras de Joseph.*
Mon ami! mon bon Joseph!
(*Elle se place devant lui, ainsi que Thomas, au moment où les ouvriers forcent la porte du fond.*)

SCÈNE XVI.

LES MÊMES, CRAMPON, SUIVI DE PLUSIEURS CANUTS.

CRAMPON ET LE CHŒUR.
Air:

C'est une infamie!
C'est un' trahison!
De sa perfidie
Nous aurons raison!
Non, pas d'indulgence!
Il faut sans retard
Que notre vengeance
Atteigne Jacquart!
(*Les ouvriers sont à droite, les autres personnages groupés à gauche*).

CRAMPON.
Il a beau se cacher, il faudra qu'il se retrouve.
JOSEPH, *allant à eux malgré Colombe et Thomas.*
Me voilà! qu'attendez-vous de moi?*
CRAMPON.
Que tu nous livres ta mécanique.
JOSEPH.
Pourquoi faire?
TOUS.
Pour la briser.
JOSEPH.
La briser! mais vous n'y pensez pas! C'est mon bien, mon avenir, mon bonheur, ma gloire.
COLOMBE.
Pauvre Joseph!
CRAMPON.
C'est notre ruine!
TOUS.
Oui, oui, nous voulons la briser.

* Thomas, Colombe, Joseph, Crampon.

JOSEPH.

Vous êtes fous! loin de vous ruiner, cette invention doit vous enrichir... Et la preuve, c'est que nos rivaux, les Anglais, qui s'y connaissent, m'en auraient donné cent mille francs.

THOMAS.

Je les donne encore.

CRAMPON.

En fausse monnaie.

TOUS.

Nous voulons la briser!

JOSEPH.

Commencez donc alors par briser le cerveau qui en a conçu la pensée, qui en a gardé l'empreinte, où, quoique vous fassiez, elle se retrouvera toujours.

CRAMPON.

Oui dà?... Mes amis, il faut lui faire faire un plongeon dans le Rhône.

TOUS.

Oui, oui!

THOMAS, *cherchant à les arrêter.*

Camarades!

CRAMPON ET LES AUTRES.

Au Rhône! au Rhône!

SCÈNE XVII.

LES MÊMES, BLAIREAU.

BLAIREAU, *allant à Crampon, lui donnant un croc-en-jambe et faisant reculer les canuts.*

Un instant! comme vous y allez! Au Rhône! ça ne ferait que de la mauvaise soupe : c'est trop peu de viande pour tant de bouillon!

COLOMBE.

Je me soutiens à peine.

BLAIREAU.

Rassurez-vous!... je vous apporte à tous de bonnes nouvelles.

CRAMPON.

Ne le croyez pas.

TOUS.

Non, non!

BLAIREAU.

Mais vous n'avez donc pas lu la proclamation qu'on vient d'afficher, la lettre du premier Consul?

TOUS.

Du premier Consul?

BLAIREAU.

Il paraît qu'il est enchanté de ton nouveau métier, et il commande deux millions de soieries pour en faire l'essai.

TOUS.

Deux millions!

BLAIREAU.

En v'là-t-il d'l'ouvrage pour le père Gauthier!

LES CANUTS.

Et pour nous autres!

BLAIREAU.

Toute la ville est dans la joie... Les prud'hommes disent que c'est une invention superbe, et que, grâce à elle, nous pourrons fournir des robes de soie, au lieu de cotonnades, à toutes les négresses de l'Afrique.

LES CANUTS.

Vive Jacquart!

THOMAS.

Oui, vive Jacquart! vive à jamais sa découverte, qui est un trésor pour votre industrie!

JOSEPH, *avec émotion.*

Mes amis, ma chère Colombe, vous tous!... Oh! je ne puis vous exprimer ce que j'éprouve.

GAUTHIER, *qui est sorti de sa cachette, s'avançant d'un air solennel.*

Jacquart!... (*A part.*) Je crois que je puis me montrer... (*Haut.*) Je sais que tu aimes ma fille : je te la donne. Tu peux en faire part au premier Consul. (*A Thomas.*) Je sais à quoi je m'expose; mais je sacrifie tout ce que j'ai... mon mobilier (*montrant quelques gravures collées sur la muraille*), mes tableaux, le fruit de trente ans de travaux, les économies d'un père de famille... Prenez, j'abandonne tout... je travaillerai pour payer le reste.

THOMAS.

C'est une manière de me demander quittance.

BLAIREAU.

D'ailleurs, où il n'y a rien, l'Anglais perd ses droits... (*Aux canuts, montrant Joseph...*) Amis, emportons-le en triomphe... Vive Jacquart!

CHOEUR FINAL

Air de Ninon, Ninon et Maintenon

Célébrons (*bis*)
D'l'homme que nous aimons
La découverte immense!
C'est l'plus grand des bienfaits
Pour toujours son succès,
Doit enrichir la France.
Vive Jacquart,
Qui par son art,
De l'ouvrier double la part!
Vive Jacquart!

FIN.

IMPRIMERIE DE A. HENRY, RUE GIT-LE-COEUR, 8.

EN VENTE CHEZ LES MÊMES

Euryanthe, opéra.
Un Monsieur de Femme, vaudeville.
Une Cerise, comédie.
La Main de Fer, opéra-comique.
Endymion, vaudeville.
Le Novice, comédie-vaudeville.
Les Secondes Noces, comédie-vaud.
La Jeunesse de Charles-Quint, opéra.
Le vicomte de Létorières, comédie-vaud.
Les Bas de Paris, comédies-vaudevilles.
Vade mon fils, comédie-vaudeville.
Le diable à l'école, opéra-comique.
Lucienne, comédie-vaudeville.
Les Folies-filles, folie-berg.
L'Océan de chant, vaudeville.
Le Grand Prutin, comédie-vaudeville.
La Tour au fil gardée, vaudeville.
Le duc d'Olonne, opéra-comique.
Les Ci-contents, comédie-vaudeville.
La Chasse aux voleurs, comédie.
Les Patignolaises, vaudeville privé.
Une Femme sous les scellés.
Les Aides-de-camp, comédie-vaudeville.
Oscar, comédie.
Cadichon et Carabinas, vaudeville.
Le Mari à l'essai, vaudeville.
Chez un garçon, vaudeville.
Okery-Oly, vaudeville.
Mérovée, vaudeville.
Les deux Cousinées, comédie.
Le Code noir, opéra-comique.
Au Creuseur à'avant, comédie-vaudeville.
Le château de la Roche-Noire, opéra.

EN VENTE A LA MÊME ADRESSE

S'ILTER

in-8, 50 c.

LA MARQUISE DE BEAUFERRE

in-8, 1 fr.

EN VENTE CHEZ LE MÊME ÉDITEUR

	c.		c.
Carmagnola, opéra.	60	Les Diamants de la Couronne, opéra-com.	60
Un Monstre de Femme, vaudeville.	40	Mon illustre Ami, comédie-vaudeville.	40
Une Chaîne, comédie.	60	Le premier Chapitre, comédie.	50
La Main de Fer, opéra-comique.	60	Talma en congé, vaudeville.	40
Endymion, vaudeville.	40	L'Omelette fantastique, vaudeville.	50
Le Novice, comédie-vaudeville.	30	La Dragonne, comédie.	50
Les Secondes Noces, comédie-vaudeville.	60	La Sœur de la Reine, drame.	60
La Jeunesse de Charles-Quint, opéra-com.	50	Le Poète, comédie.	50
Le vicomte de Létorières, comédie-vaud.	60	La Vendetta, vaudeville.	50
Les Fées de Paris, comédie-vaudeville.	50	Une Maîtresse anonyme, comédie.	50
Pour mon Fils, comédie-vaudeville.	50	Le Kiosque, opéra-comique.	50
Le diable à l'école, opéra-comique.	50	Le Loup dans la bergerie.	50
Lucienne, comédie-vaudeville.	50	Les Informations Conjugales, vaudeville.	50
Les jolies filles de Stilberg.	40	L'Hôtel de Rambouillet.	60
L'Enfant de chœur, vaudeville.	40	Les Deux Impératrices.	60
Le Grand-Dilatin, comédie-vaudeville.	60	La Caisse d'Épargne.	60
La Tante mal gardée, vaudeville.	40	Thomas le Rageur.	50
Le duc d'Olonne, opéra-comique.	60	Derrière L'Alcôve.	30
Les Circonstances, comédie-vaudeville.	40	La Villa Duflot.	40
La Chasse aux vautours, comédie.	40	Péroline.	50
Les Batignollaises, vaudeville grivois.	40	Une Femme à la Mode.	40
Une Femme sous les scellés.	30	Les Égarements d'une Canne, etc., vaud.	40
Les Aides-de camp, comédie-vaudeville.	50	Foliquet, coiffeur de dames, vaud.	50
Oscar, comédie.	60	L'Anneau d'Argent, comédie.	40
Carabins et Carabines, vaudeville.	50	Recette contre l'Embonpoint, pièce.	50
Le Mari à l'essai, vaudeville.	40	Don Pasquale, opéra buffa.	40
Chez un garçon, vaudeville.	40	Mademoiselle Déjazet au sérail, vaud.	40
Jaket's-Club, vaudeville.	40	Touboulic le Cruel, vaud.	40
Mérovée, vaudeville.	50	Hermance, com.	60
Les deux Couronnes, comédie.	60		
Le Coffre noir, opéra comique.	60		
Au Croissant d'argent, comédie-vaudeville.	50		
Le château de la Roche-Noire, comédie.	40		

EN VENTE A LA MÊME ADRESSE

L'AIEULE
In-8.— 60 c.

LA MARQUISE DE SENNETERRE
In-8.— 1 fr.

Imp. de A. HENRY, rue Gît-le-Cœur, 8.